# EDICT DV ROY,

## PORTANT CREATION

EN HEREDITE, DES OFFI-
ces de Controolleurs des Actes & Expeditiõs des Greffiers, Clercs de Greffes Notaires, Tabellions & Receueurs
des Consignations, en toutes les Cours
& Iurisdictions de ce Royaume, tant
souueraines, que subalternes.

*Verifié en Parlement, Chambre des Comptes
& Cour des Aydes le 28 Iuin 1627.*

**A PARIS,**
Par P. METTAYER, A. ESTIENE,
& C. PREVOST, Imprimeurs &
Libraires ordinaires du Roy.
## M. DCXXVII.
*Auec Priuilege de sa Majesté.*

**L**OVIS par la grace de Dieu Roy de France & de Nauarre, A tous presens & à venir, Salut. Ayant fait conuoquer puis nagueres vne Assemblée de bõ nombre des plus notables personnages de nostre Royaume, pour nous donner aduis sur les remedes conuenables aux desordres & abus qui se commettent iournellement par aucuns Ministres de la Iustice. Et ayant eu aduis que l'vne des principales plaintes qui se fait à present sur ce subiet, est contre nos Greffiers, Maistres Clercs, Notaires & Tabellions, qui prennent & exigent des parties pour les expeditions des Arrests, Sentences, Appoinctements, Grosses de Contracts & autres actes, beaucoup plus qu'il ne leur est permis par nos Ordonnances & Reglements, suyuant lesquels ils doiuent mettre en chacune page des expeditions qu'ils deliurent en papier, vingt cinq lignes, & en chacune ligne, quinze syllabes : Neantmoins ils se sont tellement licentiez & dispensez de l'ob-

A

feruation de ces Reglements, qu'en chacun fueillet il n'y a pas moitié defdites lignes & fyllabes, & ne laiſſent de ſe faire
payer par les parties, ſçauoir leſdits Greffiers & Maiſtres Clercs, deux ſols ſix deniers pour fueillet de papier eſcrit, dix ſols
pour celuy de parchemin, & vingt ſols
pour peau, auec l'augmentation du Pariſis.

Et encores que par l'Ordonnance des
Eſtats d'Orleans il ſoit expreſſement defendu auſdits Greffiers, de ne mettre & deliurer en parchemin, que les Arreſts &
Sentences interlocutoires & definitiues,
neantmoins ils y mettent tous les appointements & autres actes preparatoires: pour
leſquels amplifier & afin d'exiger des parties qui ont à paſſer par leurs mains, plus
grande ſomme d'argent, ils inferent d'a-
bondant en iceux, les noms, qualitez &
Seigneuries des Baillifs, Preuoſts & autres
Iuges des lieux, bien que leſdits appointements & actes preparatoires ne giſent en
aucune execution. Dauantage ils inferent
eſdits arreſts, ſentences & decrets d'adiu-
dication d'heritages, les demandes, procedures & eſcritures deſdites parties, bien
que cela leur ſoit eſtroictement defendu

par nos Ordonnances , & qu'il suffise y
employer en sommaire ce qui y est neces-
saire. Comme aussi encores que les Arrests , Sentences & actes executoires , doiuent estre seellez de nostre seel ordinaire,
toutesfois la plus grande partie desdits
Greffiers , Maistres Clercs & autres , qui
ont achepté & pris à ferme l'émolument
desdits Greffes escriuent au bas de leurs-
dites expeditions , ce mot de , seellé , le si-
gnent & paraphent sans y faire apposer le
seel , dont il peut arriuer plusieurs incon-
uenients. Ce qui est aussi pratiqué par les
Notaires & Tabellions, qui exigent beaucoup plus des parties que ce qui leur est
permis prendre par nosdites Ordonnances.
Et les Receueurs des Consignations abu-
sants des deniers qui leur sont deposez, les
prestent, & autremet en disposent ainsi que
bon leur semble , pour s'en preualoir , &
tenir en longueur par diuers artifices, les
ordres des creanciers opposants aux Decrets , au grand preiudice tant des saisies
que des opposants. A tovs lesquels abus
& maluersations desirans pouruoir & esta-
blir vn bon ordre à l'aduenir , Sçavoir
Faisons, qu'ayans mis cét affaire en de-

liberation en noſtre Conſeil, où eſtoient
la Royne noſtre tres-honorée Dame &
Mere, noſtre tres-cher & tres-amé Frere
le Duc d'Orleans, aucuns Princes & Officiers de noſtre Couronne, & autres
Grands & Notables perſonnages de noſtre
Conſeil: DE L'ADVIS d'iceluy, & de
noſtre certaine ſcience, pleine puiſſance
& authorité Royale, AVONS par le preſent Edict perpetuel & irreuocable, dit,
ſtatué & ordonné, diſons, ſtatuons & ordonnons qu'en toutes les Cours & Iuriſdictions de noſtre Royaume, tant ſouue-
raines que ſubalternes, Sieges Preſidiaux,
Baillifs, Seneſchaux, Preuoſts, Vicomtes,
Viguiers, Lieutenants de nos Eaux & Fo-
reſts, Preuoſts des Mareſchaux, Eſleus,
Maires, Eſcheuins, Capitoux, Conſuls
& Iuges des Marchands, & en tous autres
Sieges & Iuriſdictions Royales & Sei-
gneuriales de noſtre obeiſſance, & dont
les Greffes nous appartiennent, Toutes
expeditiõs tant en papier que parchemin,
ſoit Arreſts, Sentences, Appointements,
Adiudications par Decret, Enqueſtes &
Procez verbaux faits ſur l'execution deſ-
dits Arreſts & Sentences, Interrogatoires

sur faiȼts pertinens, Informations, Recole-
ments & Confrontations de témoins,
Grosses de contracts, Obligations, Som-
mations, & tous autres actes generalement
quelconques qui s'expedient par lesdits
Greffiers, Maistres Clercs, Notaires &
Tabellions, seront escrits ainsi qu'il a esté
dit cy dessus, & y aura, sçauoir en chacune
page de papier, vingt-cinq lignes, & en la
ligne, quinze syllabes, & en la page d'vn
fueillet ou roolle de parchemin, trente lignes, & en la ligne vingt syllabes, & en la
peau escritte sur le blanc, soixante lignes,
& en ligne, quarante syllabes, ou autrement ainsi qu'il est porté par les Arrests &
Reglements sur ce faicts, donnez tant par
les Cours souueraines que Iuges ordinaires chacun en son ressort & iurisdiction.

Qv'il ne sera mis en parchemin par
lesdits Greffiers & Maistres Clercs, autres
expeditions que les arrests, sentences interlocutoires & definitiues, adiudications
par decret, commissions & executoires
de despens. Esquels arrests, sentences &
adiudications, lesdits Greffiers & Maistres
Clercs, ne pourront inserer lesdites demandes, procedures & escritures des par-

ties , ains seulement en feront sommaire
mention , & cotteront les dattes.

Qvant aux autres appointements &
actes , ils seront expediez en papier & par
extraict , sans y mettre les qualitez desdits
Baillifs , Seneschaux , Preuosts & autres
Iuges , ny mandements aux Huissiers de
les executer. Lesquelles qualitez & mandements seront mis seulement esdites sentences & actes suiets à execution , qui seront seellez de nostre seel ordinaire appli-
qué sur cire verte ou rouge selon l'vsage
des lieux. Et pour les actes desdits Notaires & Tabellions , iceux Notaires & Tabellions les deliureront ainsi qu'ils en seront requis par les parties en gardant l'ordre cy dessus aux lignes & syllabes.

Et dautant qu'il ne suffit pas de faire
de bonnes Loix & Ordonnances , s'il n'est
par mesme moyen pourueu à l'execution
& entretenement d'icelles, Auons par nostre present Edict , creé & erigé , creons &
erigeons , en toutes & chacunes des susdites Cours & Iurisdictions de nostre Royaume , tant souueraines que subalternes,
en tiltre d'Office formé, hereditaire & do-
manial , des Controolleurs desdits actes &
expeditions , és mains desquels chacun à
son

ſon eſgard, tous les ſuſdits arreſts, ſentences, groſſes de contracts, obligations &
autres actes de Iuſtice & publics ſeront mis
par leſdits Greffiers & Notaires auant que
de les deliurer aux parties, pour les con-
trooller & voir s'ils ſont expediez en la for-
me cy deſſus ſpecifiée, afin d'eſtre par luy
taxez ſuiuant & conformement auſdites
Ordonnances, & voir ſi les ſalaires de
ceux qui les auront expediez, ſeront eſ-
crits au pied d'icelles conformement aux
Ordonnances & Reglements faicts ſur les
taxes deſdits Greffiers, Maiſtres Clercs,
Notaires & Tabellions, ſur peine à ceux
qui y contreuiendront, de trois cents li-
ures pariſis d'amende, applicable moitié
audit Controolleur & l'autre moitié au
Denonciateur.

C O M M E auſſi pour la ſeureté des deniers conſignez entre les mains des Receueurs des Conſignations, & empeſcher
qu'ils ne ſoient diuertis au preiudice des
ſaiſies, ſaiſiſſans & oppoſans, A V O N S par
ledit preſent Edict, creé & erigé, creons
& erigeons des Controolleurs deſdittes
receptes des Conſignations en tous les
lieux & Sieges où leſdits Receueurs ont

esté creez & establis , Pour par eux tenir registre & controolle de tous les deniers qui sont & seront cōsignez entre les mains desdits Receueurs , qui seront tenus conformement à nos Ordonnances, les mettre dans vn coffre , auquel il y aura deux clefs differentes , l'vne desquelles demeurera audit Receueur , & l'autre sera mise entre les mains dudit Controolleur , qui controollera aussi toutes les quittances que lesdits Receueurs donneront , ensemble celles qui leur seront données par les parties, ausquelles lesdits deniers seront distribuez par ordre de Iustice.

Ne pourront lesdites parties s'ayder en Iugement de toutes les susdites pieces & actes , si elles ne sont controollées par ledit Controolleur. Ce que nous leur defendons sur peine de nullité , & de pareilles amandes que dessus , Et aux Greffiers de chacune desdites Iurisdictions sur les mesmes peines , de receuoir aussi les productions des parties , si lesdites pieces & actes des Greffiers , Maistres Clercs , Notaires & Receueurs des Consignations , contenuës esdittes productions , ne sont controollées par ledit Controolleur , Et à tous Iuges d'y auoir aucun égard.

E t dautant que par le moyen de la
creation & fonction de ladicte charge de
Controolleur , & obseruation du present
Reglement , nos sujects seront redimez &
dechargez de beaucoup de frais qu'ils fai-
soient par le passé , Nous auons attribué &
attribuons à chacun desdits Controolleurs , le Tiers de tous les droicts & émo-
luments ordonnez & attribuez ausdits
Greffiers , Maistres Clercs , Notaires &
Tabellions , par les Ordonnances, Arrests
& Reglements sur ce faicts.

Permettons aussi audit Controolleur à
l'instar de nos Greffiers , de commettre à
la fonction & exercice de sondit Office,
homme suffisant & capable, duquel neantmoins il sera & demeurera responsable ci-
uilement. Voulons en outre qu'il luy soit
baillé lieu & place par nosdits Iuges de la
Iurisdiction où il sera estably , soit au Gref-
fe ou autre lieu commode, pour exercer &
faire la fonction de sondit Controolle , au
soulagement de ceux qui auront affaire
à luy.

E t afin que nous puissions nous aider
& seruir en l'vrgente necessité de nos affai-
res , de ce qui pourra prouenir desdits Of-

fices de Controolleurs prefentemēt creez,
Ordonnons que par les Commiffaires qui
feront à ce par Nous deputez, il fera pro-
cedé à la vente d'iceux. Permettons neantmoins aux Greffiers, Notaires & Receueurs des Confignations, de les acque-
rir & vnir à leurs Offices, en nous payant
les fommes aufquelles lefdicts Offices
prefentement creez feront taxez en noftre
Confeil : à la charge de faire ladite acqui-
fition & payement vn mois apres lafignifi-
cation qui fera faicte à leurs perfonnes &
domiciles, ou és Sieges des Iurifdictions
où leurfdits Greffes & charges font efta-
blies : autrement & à faute de ce faire dans
ledit temps, & iceluy paffé, lefdits Greffiers, Maiftres Clercs, Tabellions & Receueurs des Confignations, pourront eftre
depoffedez de leurfdits Greffes, Tabel-
lionnages & Receptes, tant par nous que
par ceux qui fe rendront acquereurs def-
dits Offices de Controolleurs, en les rem-
bourfant auparauant de la finance qu'ils
monftreront auoir payée és coffres de fa
Majefté.

Si DONNONS en mandement à nos
amez & feaux les gens tenans noftre Cour

de Parlement, Chambre de nos Comptes,
& Cour de nos Aydes à Paris, que le present nostre Edict ils facent lire, publier &
enregistrer, & le contenu en iceluy inuio-
lablement garder & obseruer, sans per-
mettre qu'il y soit contreuenu en aucune
sorte & maniere, nonobstant oppositions
& appellations quelconques, pour lesquelles & sans preiudice d'icelles, ne voulons
estre differé, & dont si aucunes interuien-
nent, en auons retenu & reserué retenons
& reseruons à nous & à nostre Conseil,
toute Cour, Iurisdiction & cognoissance,
& icelle interditte & defenduë à toutes
nos autres Cours, Iuges & Officiers, &
nonobstant aussi tous Edicts, Ordonnances, Arrests, Reglemens, Defenses, Pri-
uileges & autres Lettres à ce contraires,
ausquelles & aux derogatoires des derogatoires y contenuës, Nous auons derogé
& derogeons par cesdites presentes : CAR
tel est nostre plaisir. Et d'autant que du
present Edict l'on pourra auoir affaire en
plusieurs & diuers lieux, Voulons qu'au
vidimus, ou copie d'iceluy deuëment col-
lationnée par l'vn de nos amez & feaux
Conseillers, Notaires & Secretaires, foy

soit adjoustée comme au present original,
Auquel afin que ce soit chose ferme & sta-
ble à tousiours nous auons fait mettre &
apposé nostre seel, sauf en autre choses nostre droict, & l'autruy en toutes. Donn-
né à Paris au mois de Iuin l'an de grace
mil six cens vingt-sept, & de nostre regne
le dix-huictiesme. Signé, LOVIS. Et
plus bas, Par le Roy, DE LOMENIE.
Et à costé, Visa. Et seellé du grand seau de
cire verte sur lacs de soye rouge & verte.

Et au dessous est escrit.

*Leu, publié & registré, Ouy & ce
requerant le Procureur general du Roy,
à Paris en Parlement le Roy y seant, le
vingt-huictiéme iour de Iuin mil six cens
vingt-sept.*

*Signé,* DV TILLET.

*Leu, publié & registré en la Chambre des
Comptes, Ouy le Procureur general du Roy,
par le commandement de sa Maiesté, porté par Monseigneur son Frere, venu expres en*

la Chambre, aſſiſté des Sieurs Duc de Bellegarde, Cheualier de ſes Ordres, de Champigny, & de Leon, Conſeillers en ſes Conſeils
d'Eſtat & Priué, le vingt-huictieſme iour de
Iuin mil ſix cens vingt ſept.

Signé,            BOVRLON.

    Leu, publié & regiſtré par le commande-
ment du Roy, porté par Monſieur Frere vnique
dudit Seigneur, aſſiſté du ſieur de Bellegarde,
Cheualier des Ordres de ſa Maieſté, & des ſieurs
de Champigny & de Leon, Conſeillers en ſes
Conſeils d'Eſtat & Priué, Oüy & ce conſentant
le Procureur General de ſadicte Maieſté. A Paris en la Cour des Aydes les Chambres aſſem-
blées, le vingthuictieſme iour de Iuin, mil ſix
cens vingt-ſept.

Signé       DE LAISTRE.

Collationné à l'Original, par moy Con-
ſeiller & Secretaire du Roy,